Impressum
Verlag: BABADADA GmbH, Nedderfeld 112 , 22529 Hamburg
Geschäftsführer / Verlagsleitung: Harald Hof
Druck: Books on Demand GmbH, In de Tarpen 42, 22848 Norderstedt

Imprint
Publisher: BABADADA GmbH, Nedderfeld 112 , 22529 Hamburg, Germany
Managing Director / Publishing direction: Harald Hof
Print: Books on Demand GmbH, In de Tarpen 42, 22848 Norderstedt, Germany

iskola
escuela

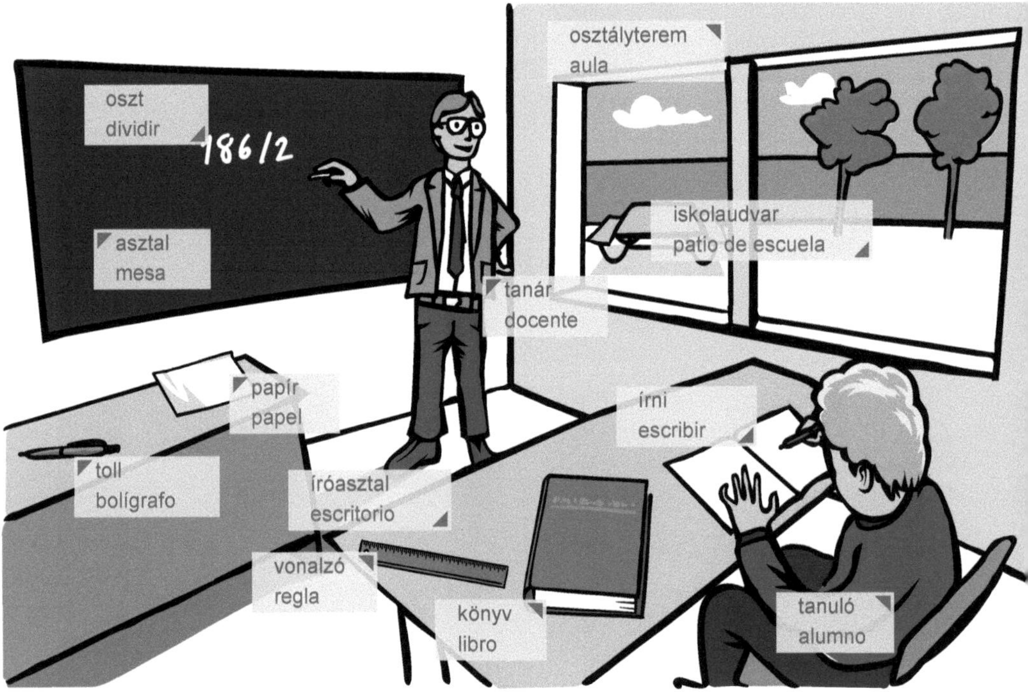
osztályterem
aula
oszt
dividir
186/2
asztal
mesa
iskolaudvar
patio de escuela
tanár
docente
papír
papel
írni
escribir
toll
bolígrafo
íróasztal
escritorio
vonalzó
regla
könyv
libro
tanuló
alumno

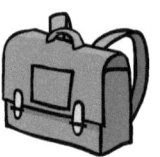

iskolatáska

mochila escolar

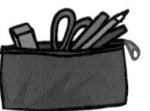

tolltartó

caja de lápices

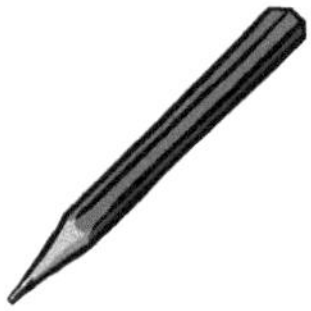

ceruza

lápiz

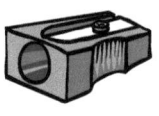

ceruzahegyező

sacapuntas

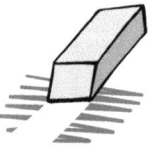

radír

goma de borrar

rajzfüzet

bloc de dibujo

rajz

dibujo

ecset

pincel

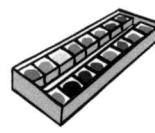

festőkészlet

caja de pinturas

olló

tijera

ragasztó

pegamento

munkafüzet

libro de ejercicios

házi feladat

tarea

szám

número

összead

sumar

kivon

restar

szoroz

multiplicar

számol

calcular

betű

letra

ABC

alfabeto

szó

palabra

szöveg

texto

olvasni

leer

kréta

tiza

tanóra

lección

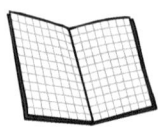

napló

libro de clase

vizsga

examen

bizonyítvány

certificado

iskolai egyenruha

uniforme escolar

oktatás

educación

enciklopédia

enciclopedia

egyetem

universidad

mikroszkóp

microscopio

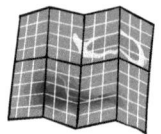

térkép

mapa

papír-hulladék gyűjtő

cesto de papeles

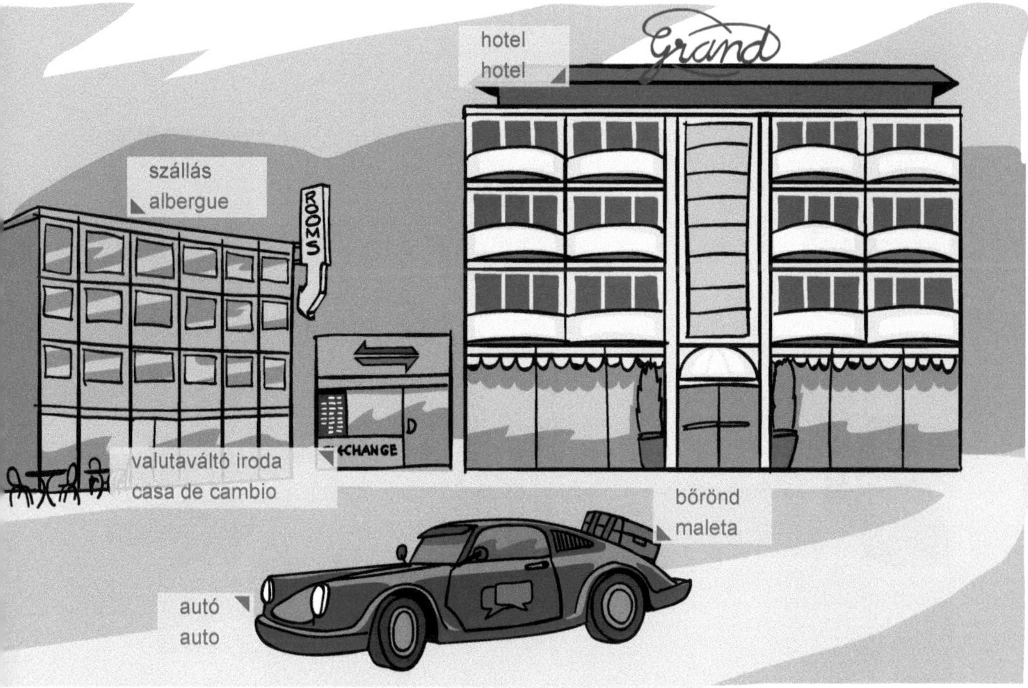
Grand
hotel
hotel
szállás
albergue
ROOMS
valutaváltó iroda
casa de cambio
EXCHANGE
bőrönd
maleta
autó
auto

nyelv

idioma

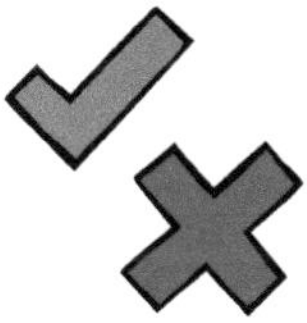

igen/nem

sí / no

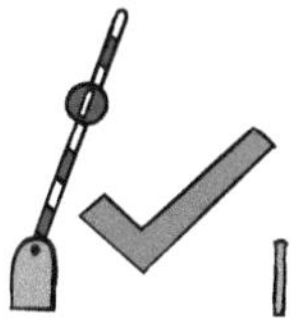

rendben

ok

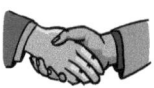

szia

hola

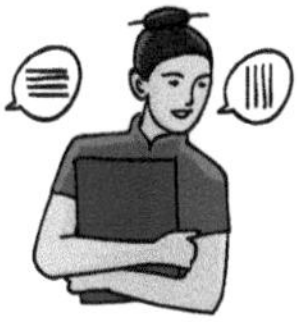

fordító

intérprete

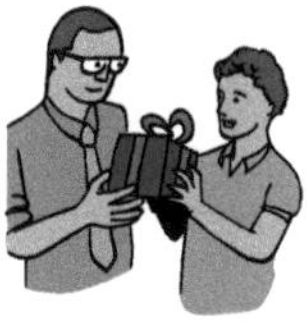

köszönöm

gracias

mennyibe kerül...?

¿Cuánto cuesta...?

nem értem

No entiendo

probléma

problema

Jó estét!

¡Buenas tardes!

jó reggelt!

¡Buenos días!

jó éjszakát!

¡Buenas noches!

viszontlátásra

adiós

útirány

dirección

poggyász

equipaje

táska

bolso

hátizsák

mochila

vendég

invitado

szoba

cuarto

hálózsák

saco de dormir

sátor

tienda de campaña

turista információ

información al turista

strand

playa

hitelkártya

tarjeta de crédito

reggeli

desayuno

ebéd

almuerzo

vacsora

cena

jegy

pasaje

lift

ascensor

bélyeg

sello

határ

límite

vám

aduana

nagykövetség

embajada

vízum

visa

útlevél

pasaporte

közlekedés
transporte

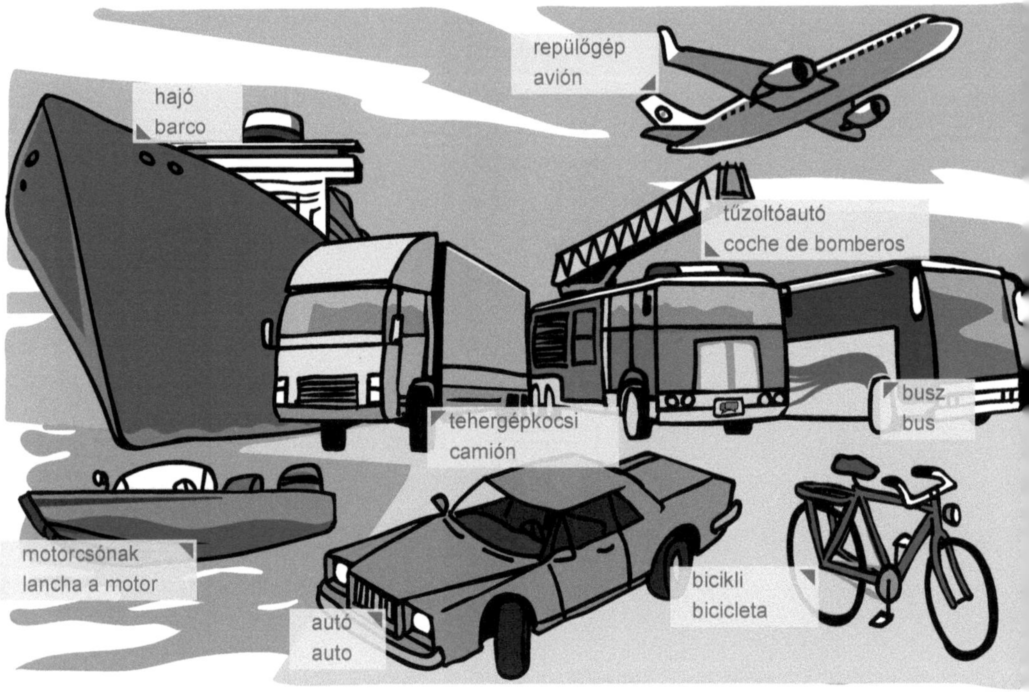
repülőgép
avión
hajó
barco
tűzoltóautó
coche de bomberos
busz
bus
tehergépkocsi
camión
motorcsónak
lancha a motor
bicikli
bicicleta
autó
auto

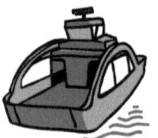

komp

balsa

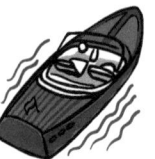

csónak

lancha

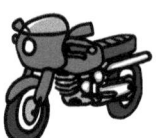

motorkerékpár

motocicleta

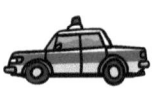

rendőrautó

auto de policía

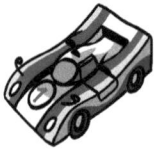

versenyautó

auto de carreras

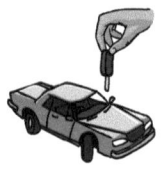

bérautó

auto de alquiler

telekocsi
alquiler de autos

vontató
grúa

szemetes autó
vehículo recolector de basura

motor
motor

üzemanyag
gasolina

benzinkút
gasolinera

közlekedési tábla
señal de tráfico

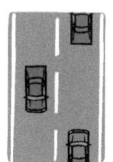

forgalom
tránsito

forgalmi dugó
atasco

parkoló
estacionamiento

vonatállomás
estación de tren

sínek
carril

vonat
tren

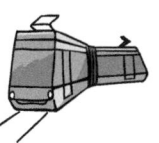

villamos
tranvía

vagon
vagón

helikopter

helicóptero

repülőtér

aeropuerto

torony

torre

utas

pasajero

konténer

contenedor

kartondoboz

caja de cartón

taliga

carro

kosár

cesta

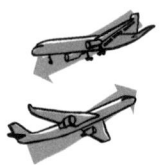

felszáll / leszáll

despegar / aterrizar

város

ciudad

falu

aldea

városközpont

centro de la ciudad

ház

casa

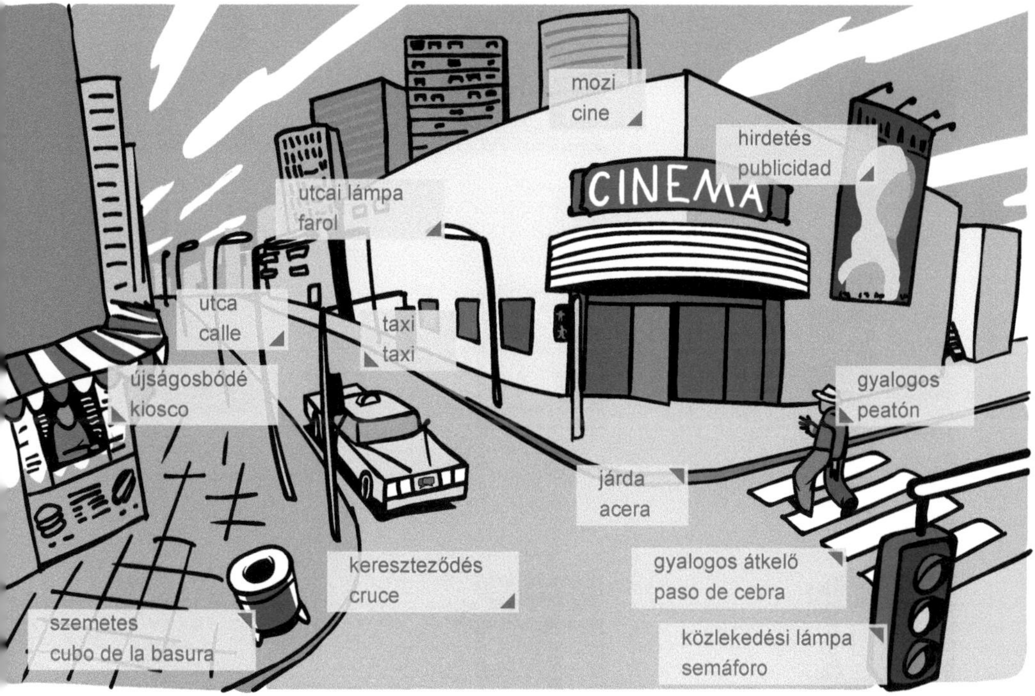

mozi
cine

hirdetés
publicidad

utcai lámpa
farol

CINEMA

utca
calle

taxi
taxi

gyalogos
peatón

újságosbódé
kiosco

járda
acera

kereszteződés
cruce

gyalogos átkelő
paso de cebra

szemetes
cubo de la basura

közlekedési lámpa
semáforo

kunyhó
cabaña

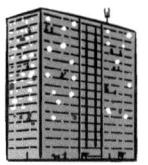

lakás
apartamento

vonatállomás
estación de tren

városháza
ayuntamiento

múzeum
museo

iskola
escuela

egyetem
universidad

bank
banco

kórház
hospital

hotel
hotel

gyógyszertár
farmacia

iroda
oficina

könyvesbolt
librería

üzlet
negocio

virágüzlet
florería

szupermarket
supermercado

piac
mercado

áruház
grandes almacenes

halárus
pescadería

bevásárló központ
centro comercial

kikötő
puerto

park
parque

pad
banco

híd
puente

lépcső
escalera

metró
metro

alagút
túnel

buszmegálló
parada de autobuses

bár
bar

étterem
restaurante

postaláda
buzón de correo

utcatábla
letrero

parkoló óra
parquímetro

állatkert
zoológico

uszoda
piscina

mecset
mezquita

gazdálkodás

granja

környezetszennyezés

polución

temető

cementerio

templom

iglesia

játszótér

parque infantil

szentély

templo

táj
paisaje

levél
hoja

útjelző tábla
indicador de camino

út
sendero

rét
pradera

kő
piedra

fa
árbol

túrázó
caminante

folyó
río

fű
pasto

virág
flor

völgy
valle

domb
montaña

tó
lago

erdő
bosque

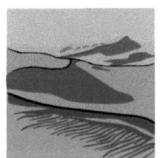

sivatag
desierto

vulkán
volcán

kastély
castillo

szivárvány
arco iris

gomba
seta

pálmafa
palmera

szúnyog
mosquito

légy
mosca

hangya
hormiga

méhecske
abeja

pók
araña

bogár

escarabajo

béka

rana

mókus

ardilla

sündisznó

erizo

nyúl

liebre

bagoly

lechuza

madár

pájaro

hattyú

cisne

vaddisznó

jabalí

szarvas

ciervo

rénszarvas

alce

gát

embalse

szélturbina

aerogenerador

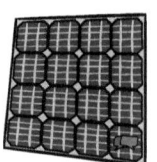

napelem

módulo solar

éghajlat

clima

étterem
restaurante

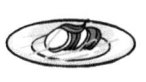

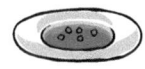

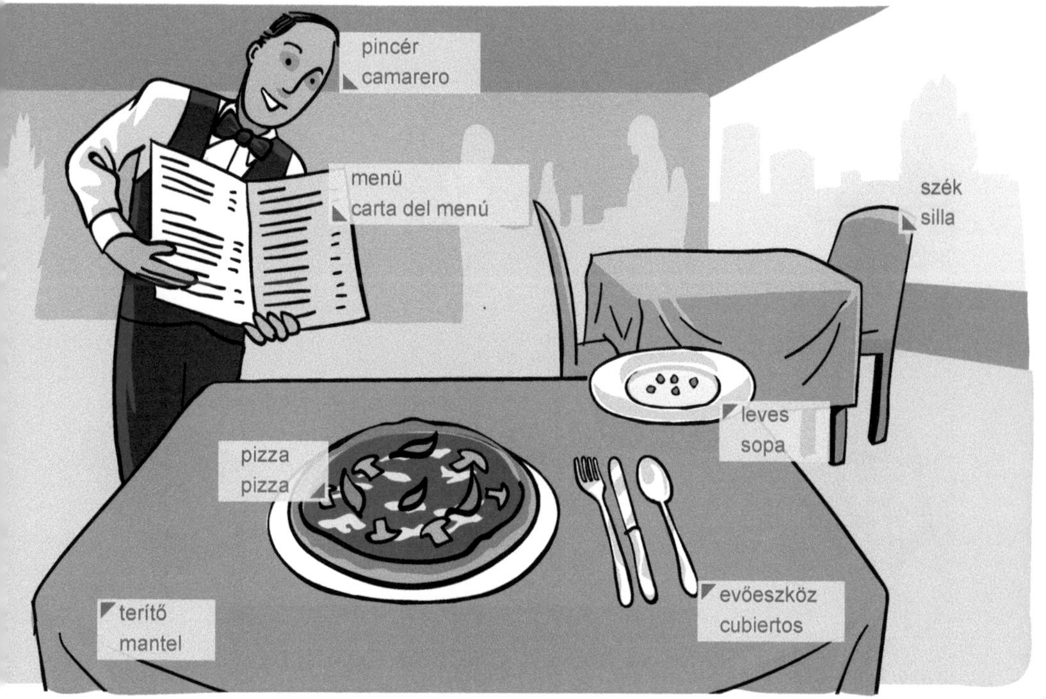
pincér
camarero
menü
carta del menú
szék
silla
leves
sopa
pizza
pizza
terítő
mantel
evőeszköz
cubiertos

előétel

entrada

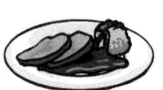

főétel

plato principal

desszert

postre

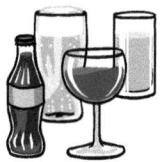

italok

bebida

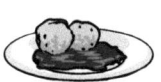

étel

comida

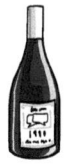

üveg

botella

gyorsétel

comida rápida

gyorsétel

comida callejera

teás kanna

tetera

cukortartó

azucarera

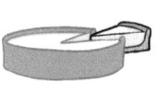

adag

porción

eszpresszógép

máquina de espresso

bárszék

silla alta

számla

factura

tálca

bandeja

kés

cuchillo

villa

tenedor

kanál

cuchara

teáskanál

cuchara de té

szalvéta

servilleta

pohár

vaso

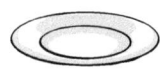

tányér
plato

leveses tányér
plato de sopa

csészealj
platillo

szósz
salsa

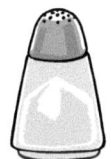

sószóró
salero

borsőrlő
molinillo para pimienta

ecet
vinagre

étkezési olaj
aceite

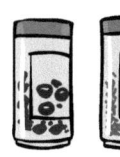

fűszerek
especias

ketchup
ketchup

mustár
mostaza

majonéz
mayonesa

szupermarket
supermercado

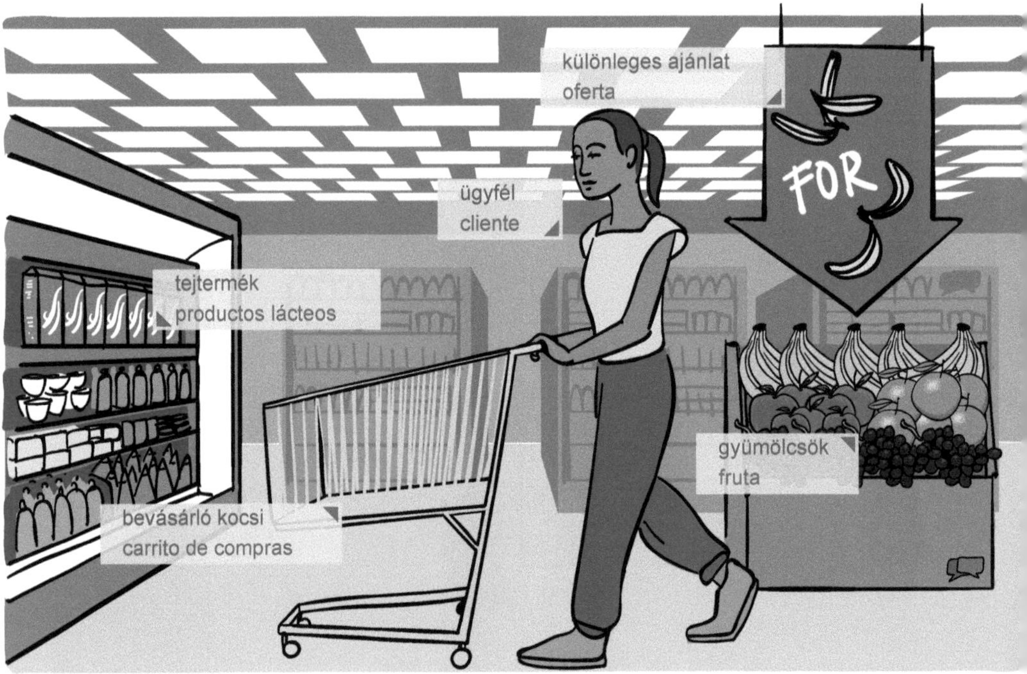

különleges ajánlat
oferta
FOR
ügyfél
cliente
tejtermék
productos lácteos
gyümölcsök
fruta
bevásárló kocsi
carrito de compras

BUTCHERS

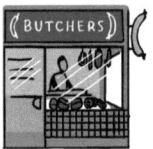

hentes

carnicería

BAKERY

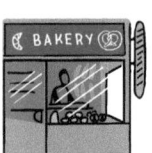

pékség

panadería

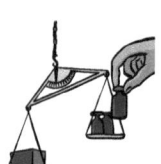

nyom valamennyit

pesar

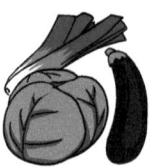

zöldség

verdura

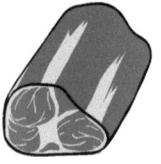

hús

carne

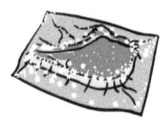

fagyasztott áru

alimentos congelados

felvágott

fiambre

konzerv

conservas

mosópor

detergente en polvo

édességek

dulces

háztartási termék

artículos domésticos

tisztítószerek

productos de limpieza

eladó

vendedora

pénztárgép

caja

eladó

cajero

bevásárló lista

lista de compras

nyitva tartás

horario de atención

levéltárca

cartera

hitelkártya

tarjeta de crédito

zacskó

maleta

műanyag zacskó

bolsa plástica

víz

agua

gyümölcslé

jugo

tej

leche

kóla

refresco de cola

bor

vino

sör

cerveza

alkohol

alcohol

kakaó

cacao

tea

té

kávé

café

eszpresszó

espresso

kapucsínó

cappuccino

banán

banana

alma

manzana

narancs

naranja

sárgadinnye

sandía

citrom

limón

sárgarépa

zanahoria

fokhagyma

ajo

bambusz

bambú

hagyma

cebolla

gomba

seta

magvak

nueces

nokedli

fideos

spagetti

espagueti

rizs

arroz

saláta

ensalada

sült krumpli

patatas fritas

sült burgonya

patatas salteadas

pizza

pizza

hamburger

hamburguesa

szendvics

sándwich

hússzelet

escalope

sonka

jamón

szalámi

salame

kolbász

embutido

csirke

pollo

pecsenye

asado

hal

pescado

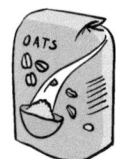

zabkása

copos de avena

müzli

musli

kukoricapehely

copos de maíz tostado

liszt

harina

croissant

croissant

zsemle

panecillo

kenyér

pan

pirítós kenyér

tostada

keksz

galletas

vaj

mantequilla

túró

cuajada

sütemény

pastel

tojás

huevo

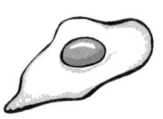

tükörtojás

huevo frito

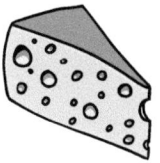

sajt

queso

étel - comida

jégkrém

helado

cukor

azúcar

méz

miel

lekvár

mermelada

mogyorókrém

praliné

curry

curry

étel - comida

gazdálkodás
granja

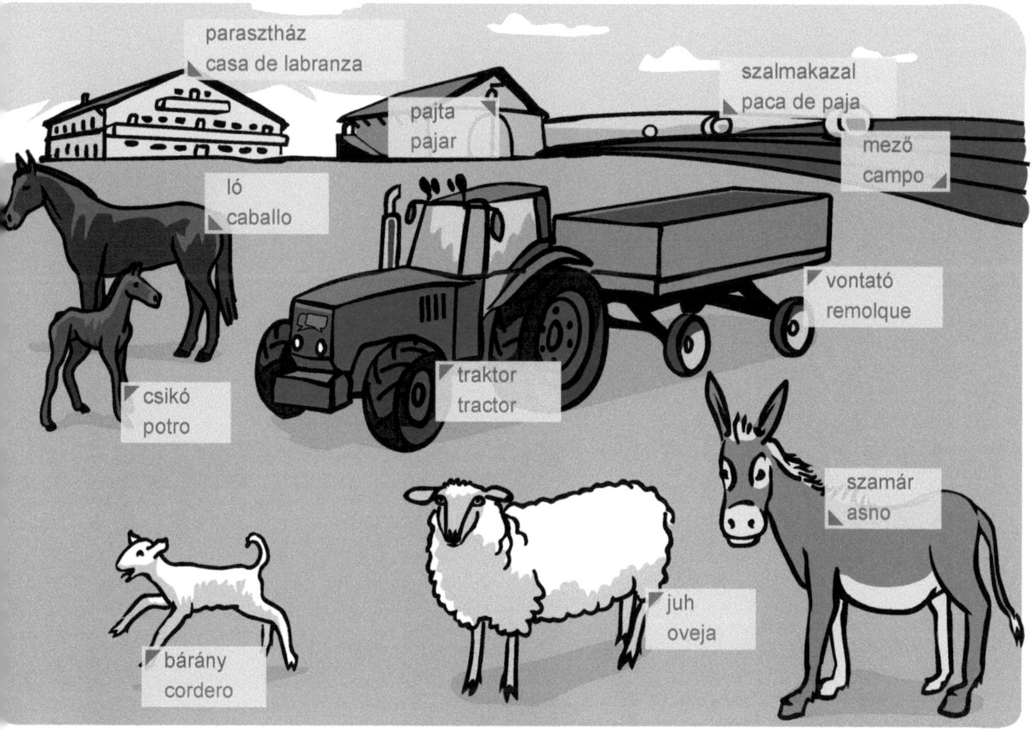
parasztház
casa de labranza
pajta
pajar
szalmakazal
paca de paja
mező
campo
ló
caballo
vontató
remolque
traktor
tractor
csikó
potro
szamár
asno
juh
oveja
bárány
cordero

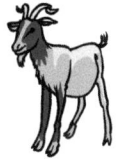

kecske
cabra

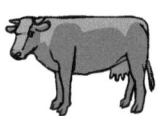

tehén
vaca

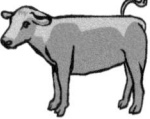

borjú
ternero

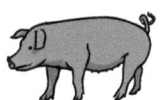

malac
cerdo

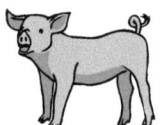

kismalac
lechón

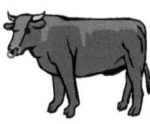

bika
toro

liba
ganso

kacsa
pato

csibe
polluelo

tojó
pollo

kakas
gallo

patkány
rata

macska
gato

egér
ratón

ökör
buey

kutya
perro

kutyaház
caseta del perro

kerti öntözőcső
manguera de riego

öntözőkanna
regadera

kasza
guadaña

eke
arado

sarló

hoz

kapa

azada

vasvilla

bieldo

fejsze

hacha

talicska

carretilla

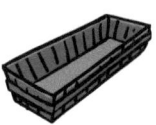

teknő

abrevadero

tejes kancsó

lechera

zsák

saco

kerítés

cerca

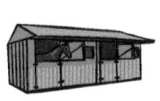

istálló

establo

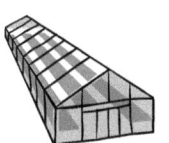

üvegház

invernadero

talaj

suelo

vetőmag

semilla

trágya

fertilizante

cséplőgép

cosechadora

szüretelni

cosechar

betakarítás

cosecha

yamgyökér

raíz de ñame

búza

trigo

szója

soja

burgonya

patata

kukorica

maíz

repcemag

colza

gyümölcsfa

Árbol frutal

manióka

mandioca

gabona

cereales

ház

casa

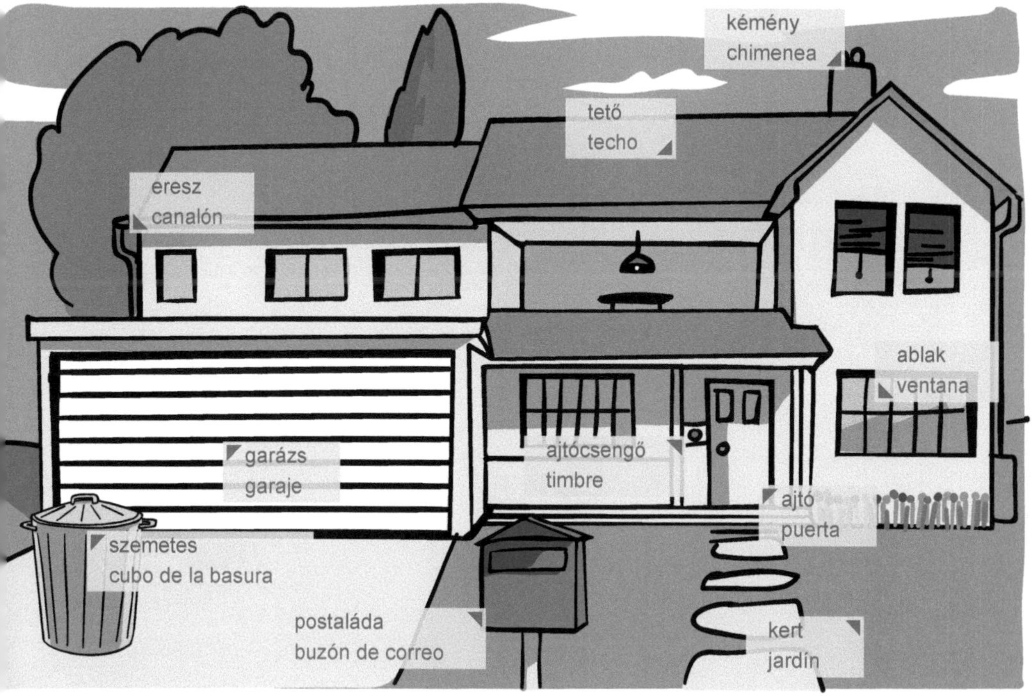

kémény
chimenea
tető
techo
eresz
canalón
ablak
ventana
garázs
garaje
ajtócsengő
timbre
ajtó
puerta
szemetes
cubo de la basura
postaláda
buzón de correo
kert
jardín

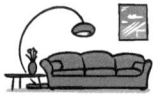

nappali

cuarto de estar

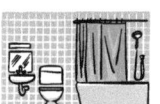

fürdőszoba

cuarto de baño

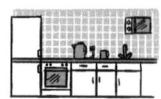

konyha

cocina

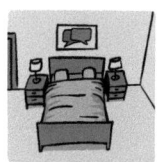

hálószoba

dormitorio

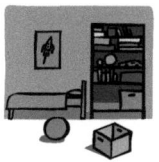

gyerekszoba

cuarto de los niños

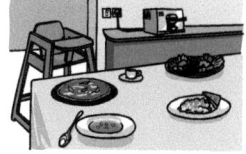

ebédlő

comedor

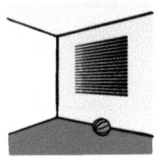

padló
piso

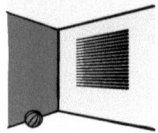

fal
pared

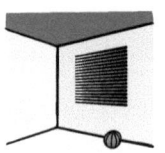

plafon
cielorraso

pince
sótano

szauna
sauna

erkély
balcón

terasz
terraza

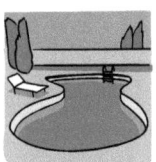

medence
piscina

fűnyíró
cortacésped

lepedő
funda nórdica

ágytakaró
edredón

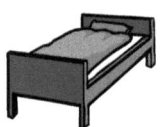

ágy
cama

seprű
escoba

vödör
cubo

kapcsoló
interruptor

nappali
cuarto de estar

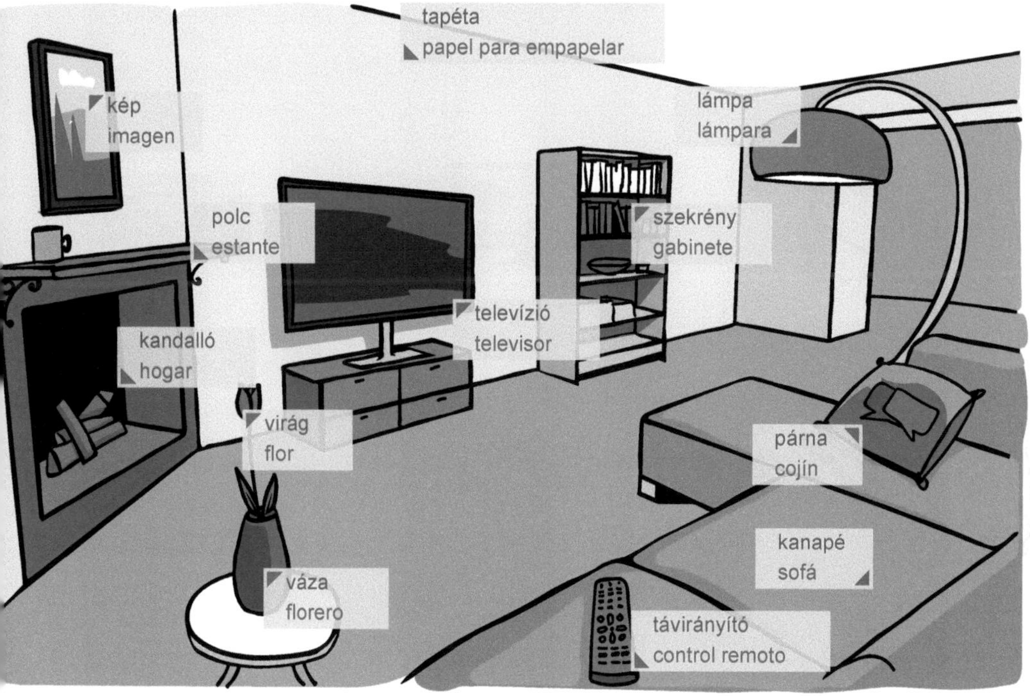
tapéta
papel para empapelar
kép
imagen
lámpa
lámpara
polc
estante
szekrény
gabinete
televízió
televisor
kandalló
hogar
virág
flor
párna
cojín
kanapé
sofá
váza
florero
távirányító
control remoto

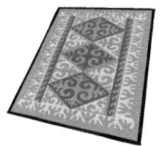

szőnyeg

alfombra

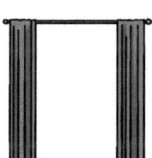

függöny

cortina

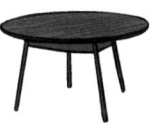

asztal

mesa

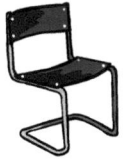

szék

silla

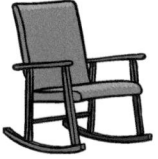

hintaszék

mecedora

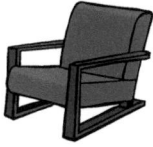

karosszék

sillón

könyv

libro

takaró

frazada

dekoráció

decoración

tűzifa

leña

film

film

hifi

equipo estereofónico

kulcs

llave

újság

periódico

festmény

cuadro

poszter

póster

rádió

radio

jegyzetfüzet

bloc de notas

porszívó

aspiradora

kaktusz

cactus

gyertya

vela

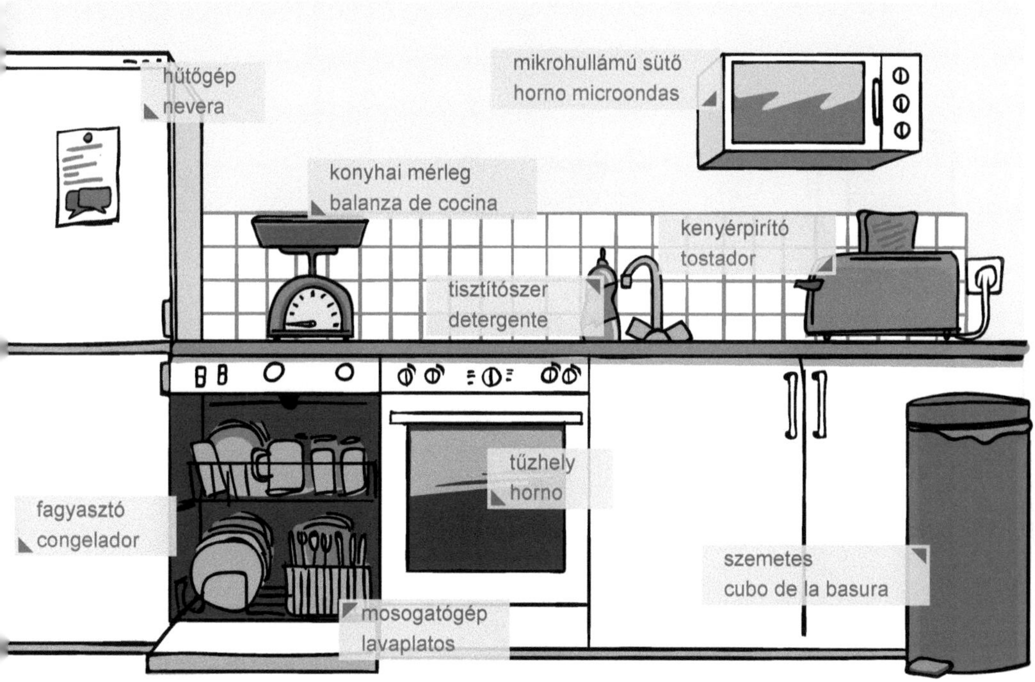

hütőgép
nevera

mikrohullámú sütő
horno microondas

konyhai mérleg
balanza de cocina

kenyérpirító
tostador

tisztítószer
detergente

tűzhely
horno

fagyasztó
congelador

szemetes
cubo de la basura

mosogatógép
lavaplatos

tűzhely
....
cocina

edény
....
olla

vasfazék
....
olla de fundición de hierro

wok / kadai
....
wok / kadai

serpenyő
....
sartén

vízforraló
....
hervidor de agua

pároló

olla de vapor

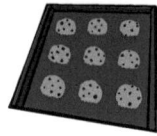

tepsi

bandeja de horno

étkészlet

vajilla

bögre

vaso

tálka

bol

evőpálcika

palillos para comer

merőkanál

cucharón de sopa

keverőlapátka

espátula

habverő

batidor

szűrő

colador

szita

cedazo

reszelő

rallador

mozsár

mortero

grillsütő

parrillada

kandalló

fogata

vágódeszka

tabla de picar

sodrófa

rodillo

dugóhúzó

sacacorchos

doboz

lata

konzervnyitó

abrelatas

edényfogó

agarrador

mosogató

fregadero

kefe

cepillo

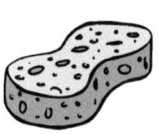

szivacs

esponja

turmixgép

batidora

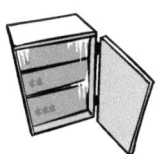

mélyhűtő

arcón congelador

cumisüveg

biberón

csap

grifo

fürdőszoba

cuarto de baño

fűtés
calefacción
zuhany
ducha
törölköző
toalla
zuhanyfüggöny
cortina para ducha
habfürdő
baño de espuma
kád
bañera
pohár
vaso
mosógép
lavadora
csap
grifo
csempe
baldosa
bili
orinal
mosogató
fregadero

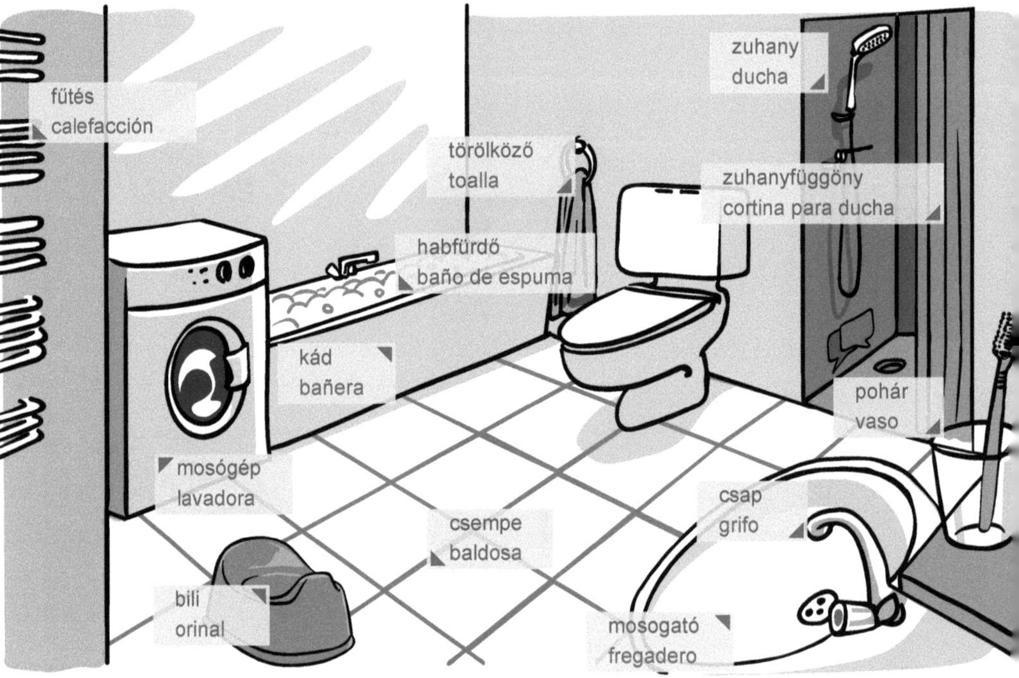

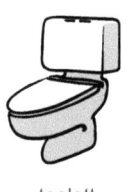

toalett

cuarto de baño

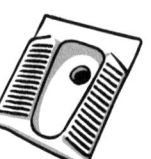

guggolós toalett

placa turca

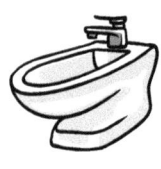

bidé

bidé

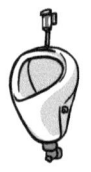

piszoár

urinario

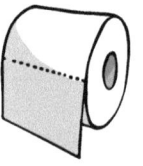

toalett papír

papel higiénico

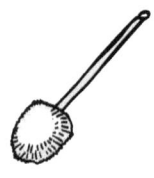

wc kefe

escobilla para el cuarto de baño

fogkefe

cepillo de dientes

fogkrém

pasta dentífrica

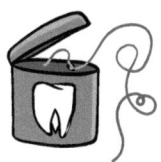

fogselyem

seda dental

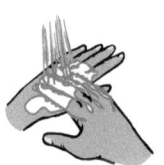

mosni

lavar

kézi zuhany

ducha teléfono

intimzuhany

ducha higiénica

mosdótál

cuenco

hátmosó kefe

cepillo para la espalda

szappan

jabón

tusfürdö

gel de ducha

sampon

champú

mosdókesztyű

manopla para baño

lefolyó

desagüe

krém

crema

dezodor

desodorante

tükör
....
espejo

kézitükör
....
espejo de maquillaje

borotva
....
máquina de afeitar

borotvahab
....
espuma de afeitar

borotválkozás utáni
arcszesz
....
loción para después del
afeitado

fésű
....
peine

hajkefe
....
cepillo

hajszárító
....
secador para cabello

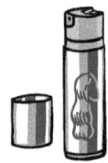

hajlakk
....
laca de peinado

smink
....
maquillaje

ajakrúzs
....
lápiz labial

körömlakk
....
laca para uñas

vatta
....
algodón

körömvágó olló
....
tijera para uñas

parfüm
....
perfume

neszesszer

neceser

sámli

taburete

mérleg

balanza

köntös

bata de baño

gumikesztyü

guantes de goma

tampon

tampón

egészségügyi betét

compresa

vegyi WC

wáter químico

gyerekszoba
cuarto de los niños

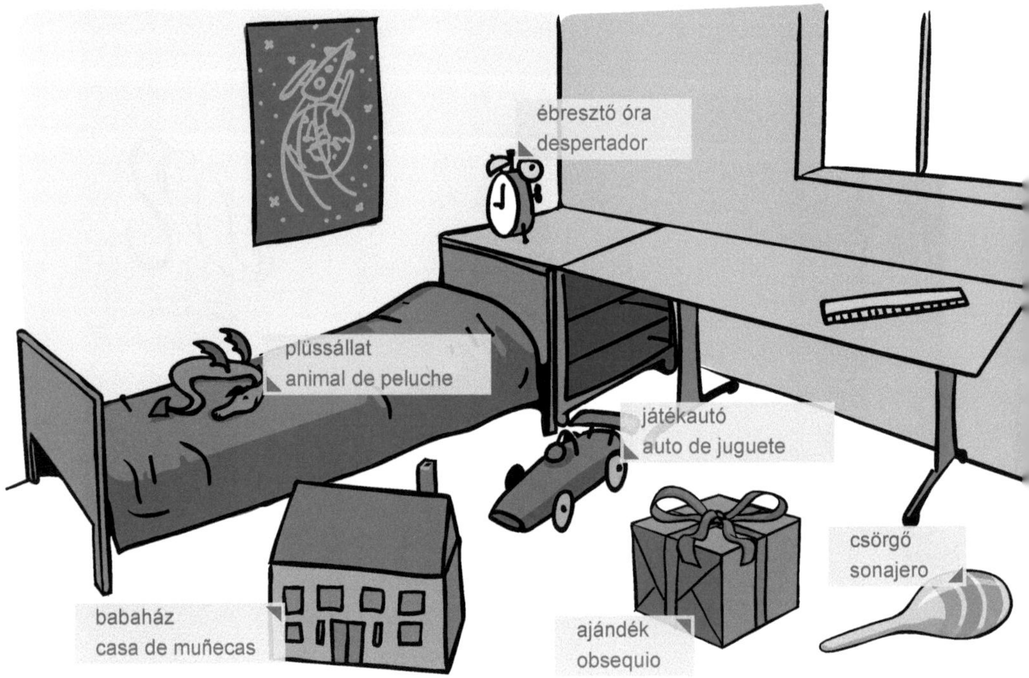

ébresztő óra
despertador
plüssállat
animal de peluche
játékautó
auto de juguete
csörgő
sonajero
babaház
casa de muñecas
ajándék
obsequio

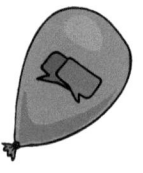

lufi

globo

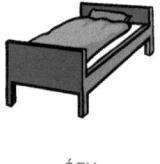

ágy

cama

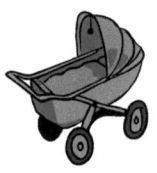

babakocsi

cochecito para niños

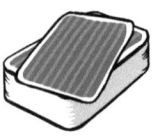

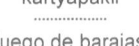

kártyapakli

juego de barajas

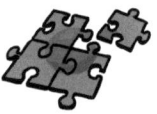

kirakós játék

rompecabezas

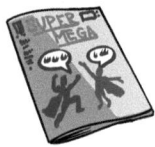

képregény

cómic

építőkockák

piezas de Lego

építőelem

bloques para jugar

szuperhős

figura de acción

rugdalózó

pijama de una pieza

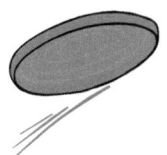

frizbi

frisbee

zenélő forgó

móvil

társasjáték

juego de mesa

kocka

dado

modellvasút

tren eléctrico a escala

cumi

chupete

zsúr

fiesta

képeskönyv

libro de dibujos

labda

pelota

baba

títere

játszani

jugar

homokozó

arenero

hinta

columpio

játékok

juguetes

videójáték konzol

consola de videojuego

tricikli

triciclo

teddi maci

osito de peluche

ruhásszekrény

guardarropa

ruházat

vestimenta

zokni

calcetines

harisnya

medias

harisnyanadrág

panti

sál
chal

esernyő
paraguas

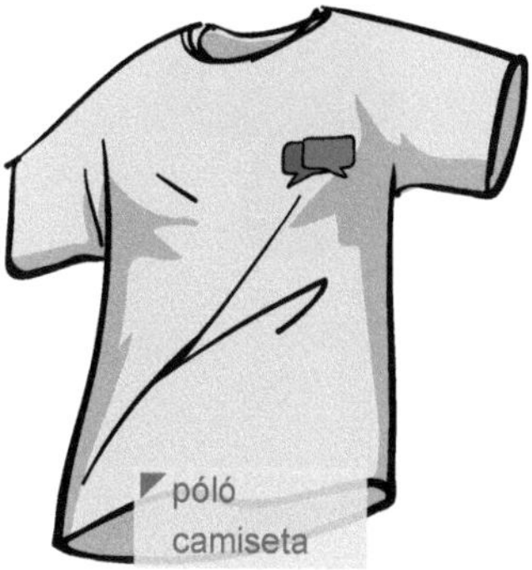

öv
cinturón

póló
camiseta

csizma
botas

papucs
zapatilla

tornacipő
deportivas

szandál
....
sandalias

cipő
....
zapatos

gumicsizma
....
botas de goma

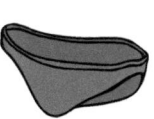

alsónadrág
....
ropa interior

melltartó
....
corpiño

mellény
....
camiseta

body
body

nadrág
pantalón

farmer
jeans

szoknya
falda

blúz
blusa

ing
camisa

pulóver
pullover

kapucnis pulóver
sweater

blézer
blazer

dzseki
chaqueta

kabát
abrigo

esökabát
impermeable

kosztüm
traje chaqueta

ruha
vestido

esküvői ruha
vestido de bodas

öltöny
traje

hálóing
camisón

pizsama
pijama

szári
sari

fejkendő
pañuelo de cabeza

turbán
turbante

burka
burka

kaftán
caftán

abaya
abaya

fürdőruha
traje de baño

fürdőnadrág
bañador

rövidnadrág
shorts

tréningruha
chándal

kötény
delantal

kesztyű
guante

gomb

botón

szemüveg

gafa

karkötő

brazalete

nyaklánc

cadena

gyűrű

anillo

fülbevaló

aro

sapka

gorra

vállfa

percha

kalap

sombrero

nyakkendő

corbata

cipzár

cierre a cremallera

bukósisak

casco

nadrágtartó

tiradores

iskolai egyenruha

uniforme escolar

egyenruha

uniforme

előke
....
babero

cumi
....
chupete

pelenka
....
pañal

iroda
oficina

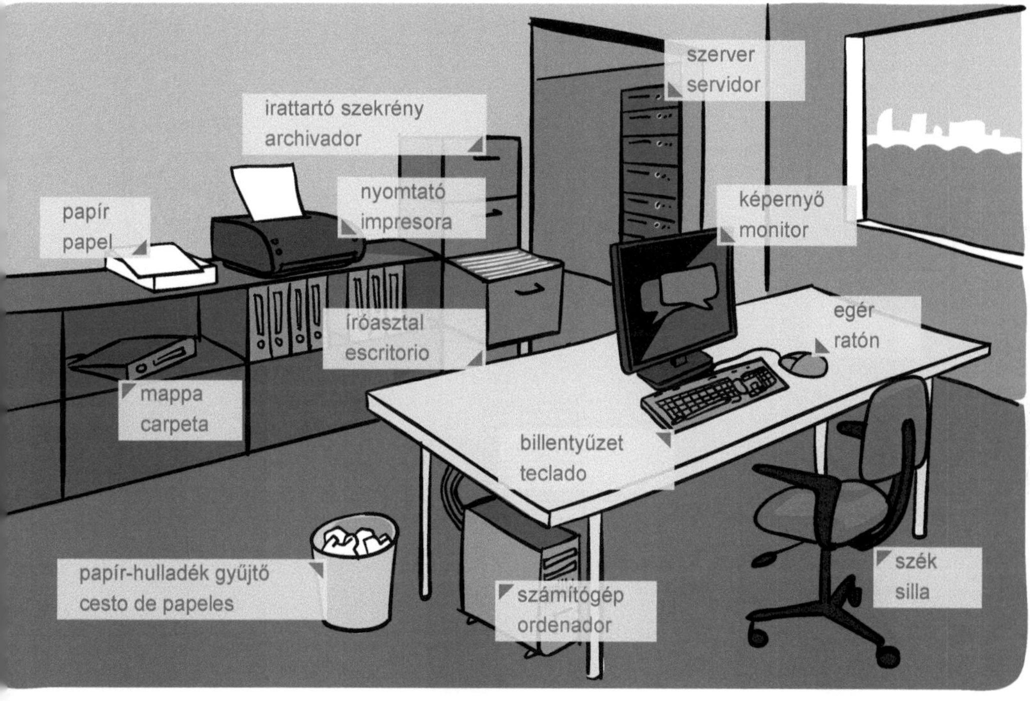

szerver
servidor

irattartó szekrény
archivador

nyomtató
impresora

képernyő
monitor

papír
papel

íróasztal
escritorio

egér
ratón

mappa
carpeta

billentyűzet
teclado

papír-hulladék gyűjtő
cesto de papeles

szék
silla

számítógép
ordenador

kávéscsésze
....
taza de café

számológép
....
calculadora

internet
....
internet

laptop

laptop

levél

carta

üzenet

mensaje

mobiltelefon

teléfono móvil

hálózat

red

fénymásoló

fotocopiadora

szoftver

software

telefon

teléfono

konnektor

tomacorriente

faxgép

máquina de fax

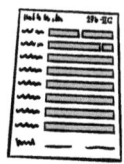

formanyomtatvány

formulario

dokumentum

documento

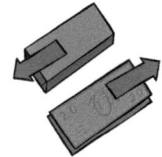

venni
comprar

fizetni
pagar

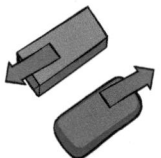

kereskedni
comerciar

pénz
dinero

dollár
dólar

euró
euro

jen
yen

rubel
rublo

svájci frank
franco

kínai jüan
renminbi

rúpia
rupia

bankautomata
cajero automático

valutaváltó iroda

casa de cambio

arany

oro

ezüst

plata

olaj

petróleo

energia

energía

ár

precio

szerződés

contrato

adó

impuesto

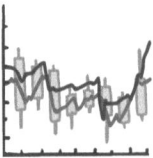

részvény

acción

dolgozni

trabajar

munkavállaló

empleado

munkaadó

empleador

gyár

fábrica

üzlet

negocio

foglalkozások
ocupaciones

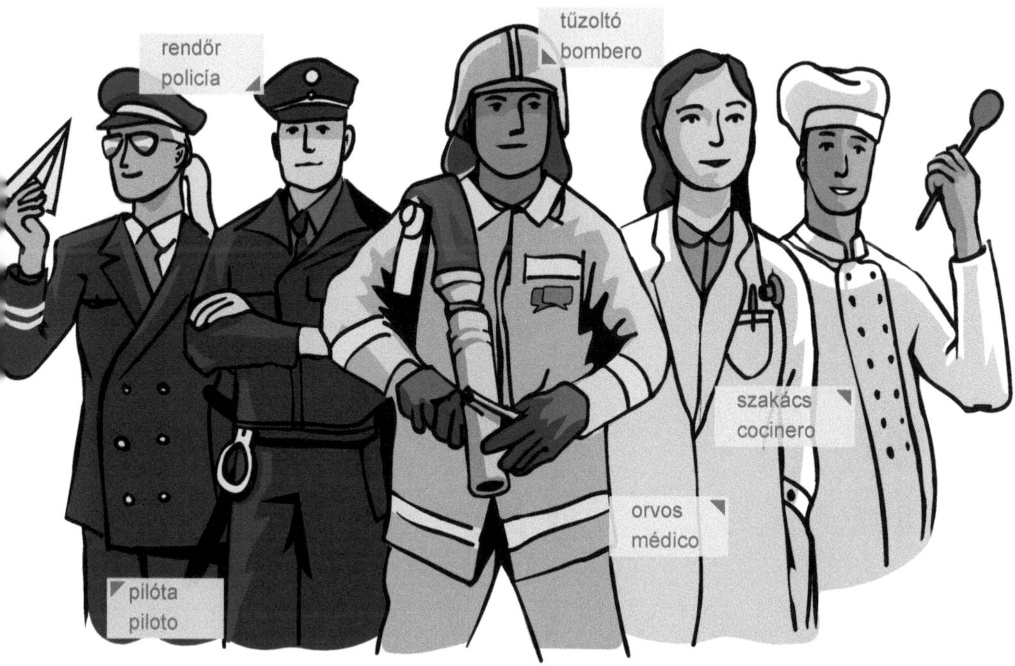
rendőr
policía
tűzoltó
bombero
szakács
cocinero
orvos
médico
pilóta
piloto

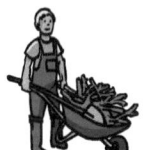

kertész

jardinero

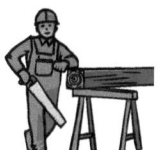

kárpitos

carpintero

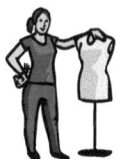

varrónő

costurera

bíró

juez

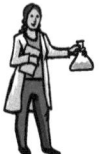

vegyész

químico

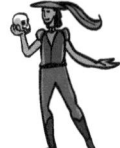

színész

actor

buszsofőr

conductor de autobús

taxisofőr

taxista

halász

pescador

bejárónő

mujer de la limpieza

tetőfedő

techista

pincér

camarero

vadász

cazador

festő

pintor

pék

panadero

villanyszerelő

electricista

építőmunkás

albañil

mérnök

ingeniero

hentes

carnicero

vízvezeték-szerelő

fontanero

postás

cartero

katona

soldado

építész

arquitecto

eladó

cajero

virágos

florista

fodrász

peluquero

kalauz

cobrador

műszerész

mecánico

kapitány

capitán

fogorvos

odontólogo

tudós

científico

rabbi

rabino

imám

imam

szerzetes

monje

lelkész

párroco

szerszámok
herramientas

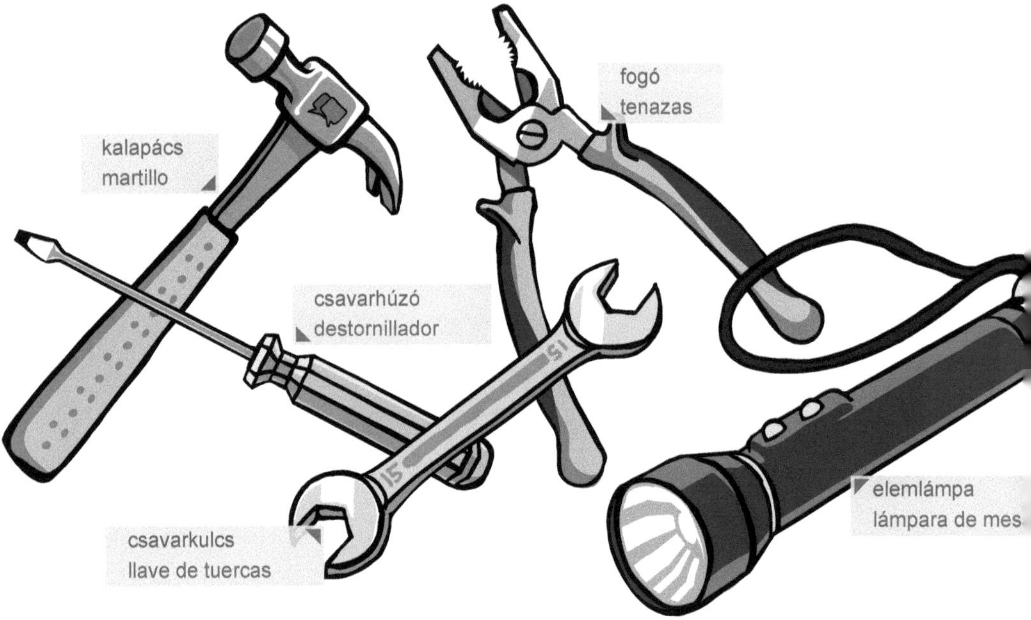

kalapács
martillo
fogó
tenazas
csavarhúzó
destornillador
csavarkulcs
llave de tuercas
elemlámpa
lámpara de mes

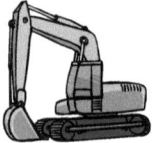

markológép

excavadora

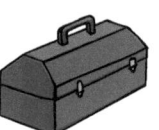

szerszámosláda

caja de herramientas

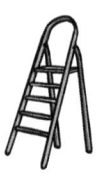

vödör

escalerilla

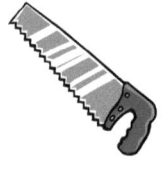

fűrész

serrucho

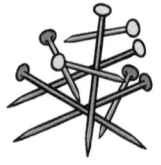

szög

clavos

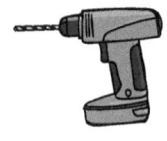

fúrógép

taladro

megjavítani

reparar

lapát

pala

A francba!

¡Maldición!

szemétlapát

recogedor

festékesdoboz

lata de pintura

csavar

tornillos

hangszerek

instrumentos musicales

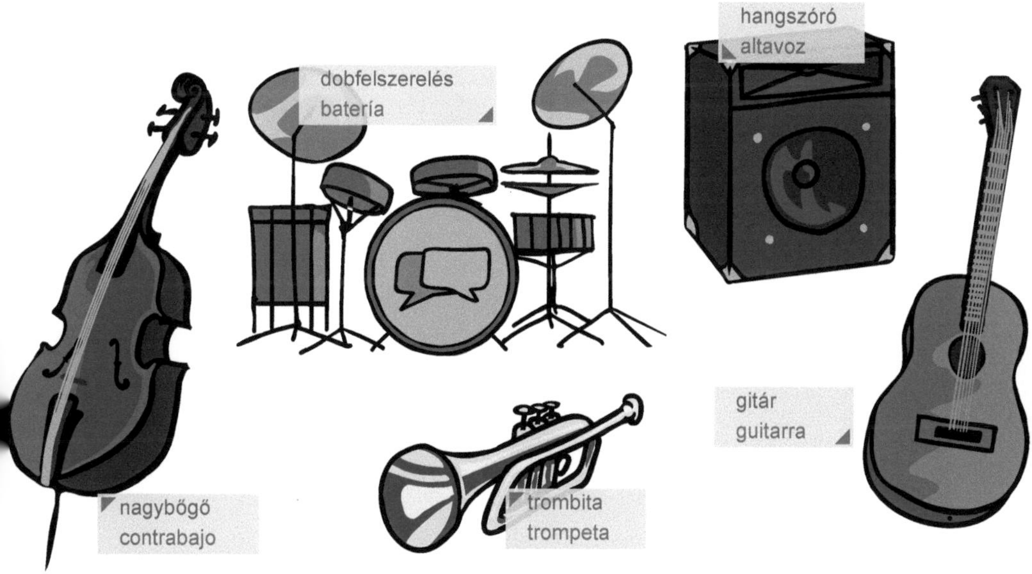

hangszóró
altavoz

dobfelszerelés
batería

gitár
guitarra

nagybőgő
contrabajo

trombita
trompeta

zongora

piano

hegedű

violín

basszusgitár

bajo

üstdob

timbales

dobok

tambor

digitális zongora

teclado

szaxofon

saxofón

fuvola

flauta

mikrofon

micrófono

állatkert
zoológico

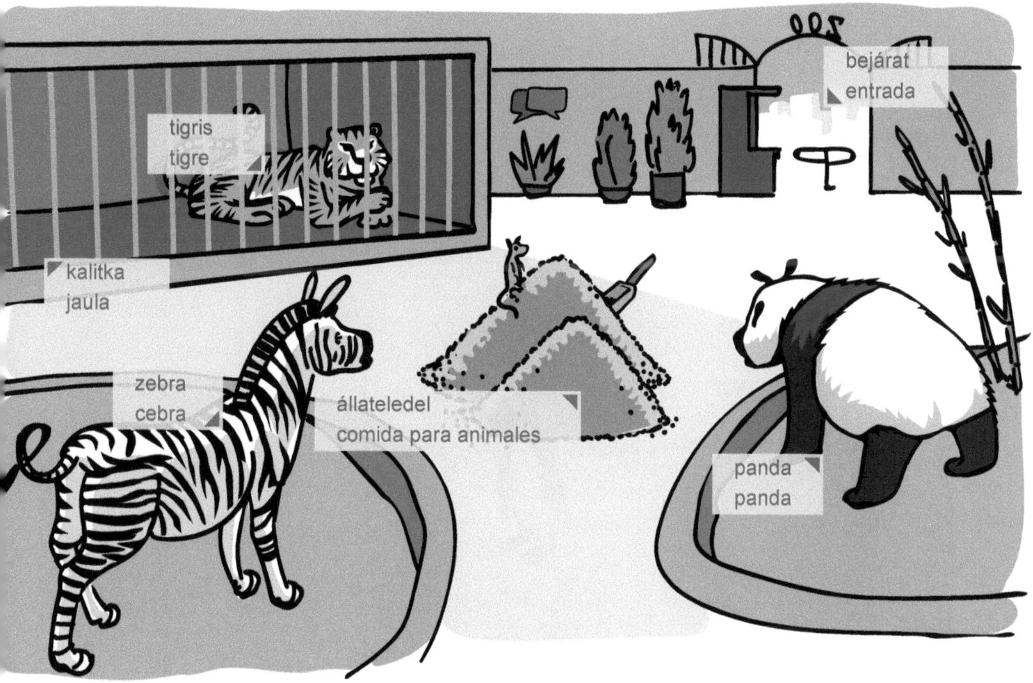
tigris
tigre
bejárat
entrada
kalitka
jaula
zebra
cebra
állateledel
comida para animales
panda
panda

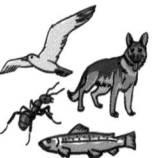

állatok

animales

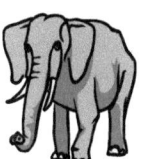

elefánt

elefante

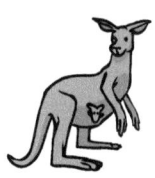

kenguru

canguro

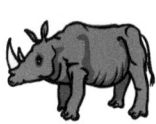

orrszarvú

rinoceronte

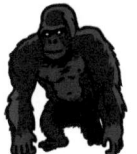

gorilla

gorila

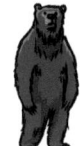

medve

oso

teve

camello

strucc

avestruz

oroszlán

león

majom

mono

flamingó

flamengo

papagáj

papagayo

jegesmedve

oso polar

pingvin

pingüino

cápa

tiburón

páva

pavo real

kígyó

serpiente

krokodil

cocodrilo

állatgondozó

cuidador del zoológico

fóka

foca

jaguár

jaguar

póniló

pony

leopárd

leopardo

víziló

hipopótamo

zsiráf

jirafa

sas

águila

vaddisznó

jabalí

hal

pescado

teknős

tortuga

rozmár

morsa

róka

zorro

gazella

gacela

amerikai futball
fútbol americano

kerékpározás
ciclismo

tenisz
tenis

kosárlabda
baloncesto

úszás
natación

boksz
boxeo

jégkorong
hockey sobre hielo

futball
fútbol

tollas
badminton

atlétika
atletismo

kézilabda
balonmano

síelés
esquí

lovaspóló
polo

ugrani
saltar

ölelni
abrazar

nevetni
reír

sétálni
caminar

énekelni
cantar

álmodni
soñar

dicsérni
rezar

csókolni
besar

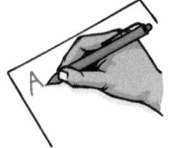

írni
escribir

rajzolni
dibujar

mutatni
mostrar

tolni
presionar

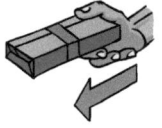

adni
dar

vinni
tomar

birtokolni

tener

csinálni

hacer

lenni

ser

állni

estar de pie

futni

correr

húzni

tirar

hajít

arrojar

esni

caer

hazudni

estar acostado

várni

esperar

vinni

llevar

ülni

estar sentado

felvenni

vestirse

aludni

dormir

felébredni

despertar

ránézni

mirar

sírni

llorar

simogat

acariciar

fésülni

peinarse

beszélni

conversar

megérteni

entender

kérdezni

preguntar

hallgatni

oír

inni

beber

enni

comer

takarítani

asear

szeretni

amar

főzni

cocinar

vezetni

conducir

szállni

volar

vitorlázni

navegar

számol

calcular

olvasni

leer

tanulni

aprender

dolgozni

trabajar

házasodni

casarse

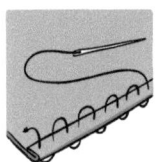

varrni

coser

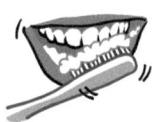

fogat mosni

limpiarse los dientes

ölni

matar

dohányozni

fumar

küldeni

enviar

nagymama
abuela

nagypapa
abuelo

apa
padre

anya
madre

kisbaba
bebé

lány
hija

fiú
hijo

vendég

invitado

nagynéni

tía

nagybácsi

tío

fiútestvér

hermano

lánytestvér

hermana

test

cuerpo

homlok
frente
szem
ojo
arc
cara
áll
barbilla
mell
pecho
ujj
dedo
kéz
mano
kar
brazo
váll
hombro
láb
pierna

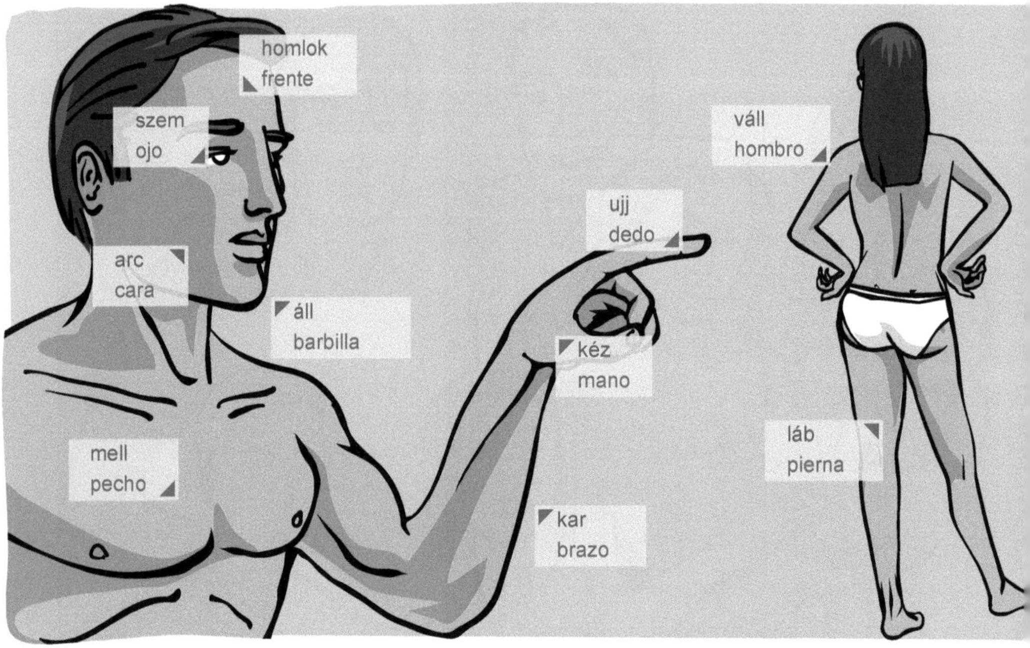

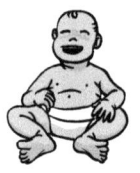

kisbaba

bebé

ember

hombre

nő

mujer

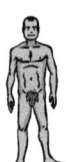

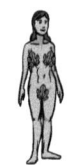

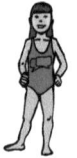

lány

muchacha

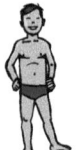

fiú

joven

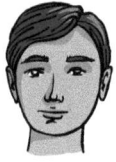

fej

cabeza

hát
espalda

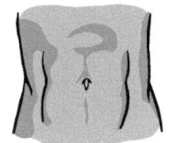

has
vientre

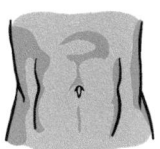

köldök
ombligo

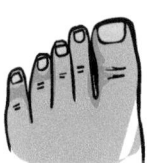

lábujj
dedo del pie

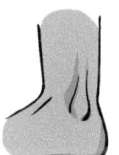

sarok
talón

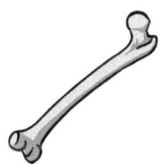

csont
hueso

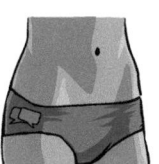

csípő
cadera

térd
rodilla

könyök
codo

orr
nariz

fenék
trasero

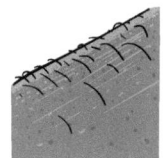

bőr
piel

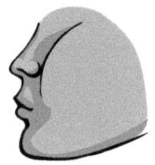

orca
mejilla

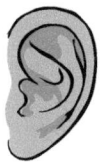

fül
oreja

ajak
labio

száj

boca

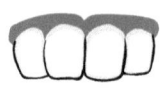

fog

diente

nyelv

lengua

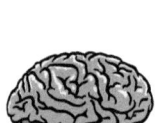

agy

cerebro

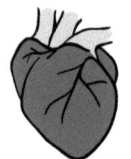

szív

corazón

izom

músculo

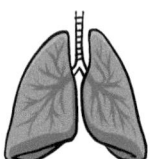

tüdö

pulmón

máj

hígado

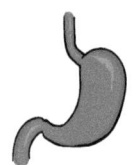

gyomor

estómago

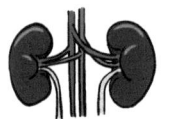

vese

riñones

szex

relación sexual

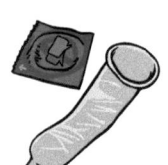

kondom

condón

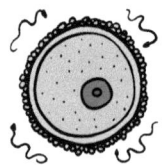

petesejt

Óvulo

sperma

esperma

terhesség

embarazo

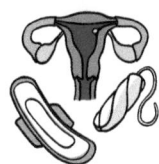

menstruáció

menstruación

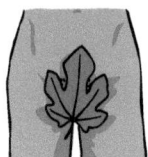

vagina

vagina

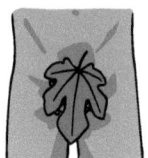

pénisz

pene

szemöldök

ceja

haj

cabello

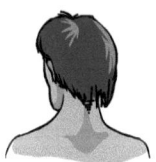

nyak

cuello

kórház
hospital

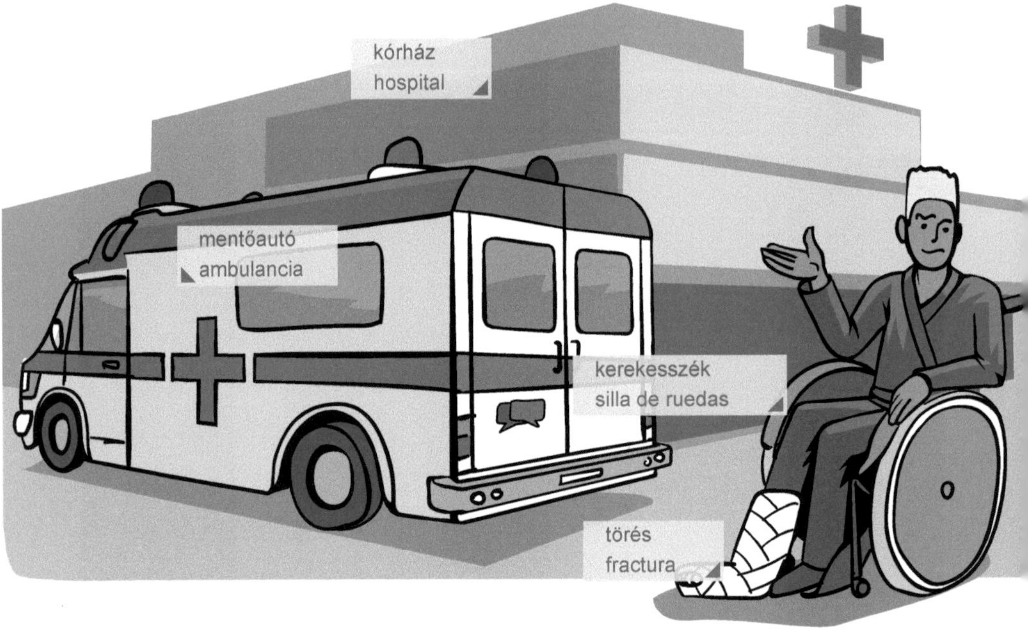

kórház
hospital
mentőautó
ambulancia
kerekesszék
silla de ruedas
törés
fractura

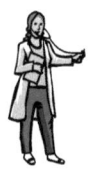

orvos

médico

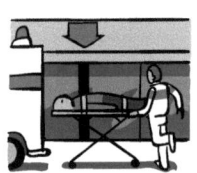

sürgősségi osztály

admisión de urgencia

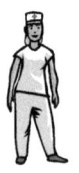

ápoló

enfermera

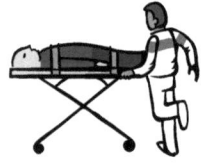

vészhelyzet

emergencia

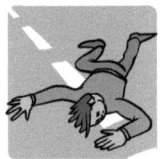

eszméletlen

inconsciente

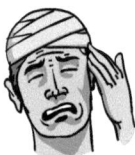

fájdalom

dolor

sérülés

lesión

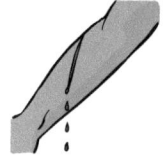

vérzés

hemorragia

szívroham

infarto de miocardio

szélütés

apoplejía cerebral

allergia

alergia

köhögés

tos

láz

fiebre

influenza

gripe

hasmenés

diarrea

fejfájás

dolor de cabeza

rák

cáncer

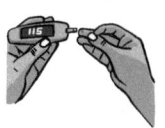

cukorbetegség

diabetes

sebész

cirujano

szike

escalpelo

műtét

operación

CT

TC

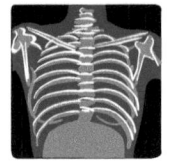

röntgen

rayos X

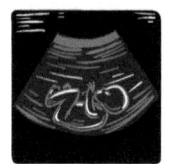

ultrahang

ultrasonido

arcmaszk

máscara

betegség

enfermedad

váróterem

sala de espera

mankó

muleta

sebtapasz

emplasto

kötszer

vendaje

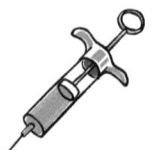

injekció

inyección

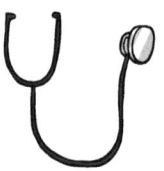

sztetoszkóp

estetoscopio

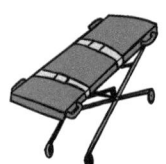

hordágy

camilla

klinikai hőmérő

termómetro

születés

nacimiento

túlsúly

sobrepeso

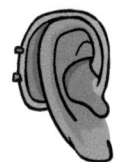

hallókészülék
audífono

fertőtlenítőszer
desinfectante

fertőzés
infección

vírus
virus

HIV/AIDS
VIH / SIDA

orvosság
medicina

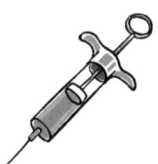

oltás
vacunación

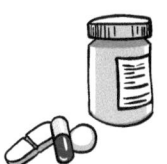

tabletták
comprimido

tabletta
píldora anticonceptiva

sürgősségi hívás
llamada de emergencia

vérnyomásmérő
medidor de presión arterial

betegség / egészség
enfermo / saludable

Segítség!

¡Ayuda!

riasztás

alarma

rajtaütés

asalto

támadás

ataque

veszély

peligro

vészkijárat

salida de emergencia

tűz!

¡Fuego!

tűzoltókészülék

extintor

baleset

accidente

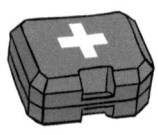

elsősegélycsomag

kit de primeros auxilios

SOS

SOS

rendőrség

Policía

Európa

Europa

Észak-Amerika

América del Norte

Dél-Amerika

América del Sur

Afrika

África

Ázsia

Asia

Ausztrália

Australia

Atlanti-óceán

Atlántico

Csendes-óceán

Pacífico

Indiai-óceán

Océano Índico

Déli-óceán

Océano Antártico

Jeges-tenger

Océano Ártico

Északi-sark

Polo Norte

Déli-sark
Polo Sur

Antarktisz
Antártida

föld
Tierra

szárazföld
país

tenger
mar

sziget
isla

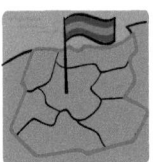

nemzet
nación

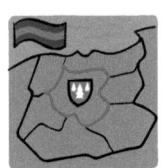

állam
Estado

számlap

cuadrante

kismutató

horario

nagymutató

minutero

másodpercmutató

segundero

Mennyi az idő?

¿Qué hora es?

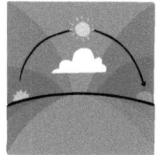

nap

día

idő

tiempo

most

ahora

digitális óra

reloj digital

perc

minuto

óra

hora

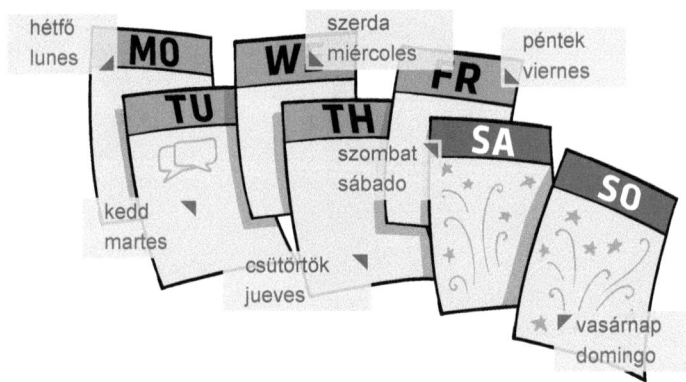

hétfő / lunes
szerda / miércoles
péntek / viernes
kedd / martes
csütörtök / jueves
szombat / sábado
vasárnap / domingo

tegnap
ayer

ma
hoy

holnap
mañana

reggel
mañana

dél
mediodía

este
tarde

MO	TU	WE	TH	FR	SA	SU
1	2	3	4	5	6	7
8	9	10	11	12	13	14
15	16	17	18	19	20	21
22	23	24	25	26	27	28
29	30	31	1	2	3	4

hétköznap
jornada de trabajo

MO	TU	WE	TH	FR	SA	SU
1	2	3	4	5	6	7
8	9	10	11	12	13	14
15	16	17	18	19	20	21
22	23	24	25	26	27	28
29	30	31	1	2	3	4

hétvége
fin de semana

eső
lluvia

szivárvány
arco iris

hó
nieve

szél
viento

tavasz
primavera

ősz
otoño

nyár
verano

tél
invierno

4.APRIL	11°
5.APRIL	4°
6.APRIL	13°
7.APRIL	8°
8.APRIL	10°

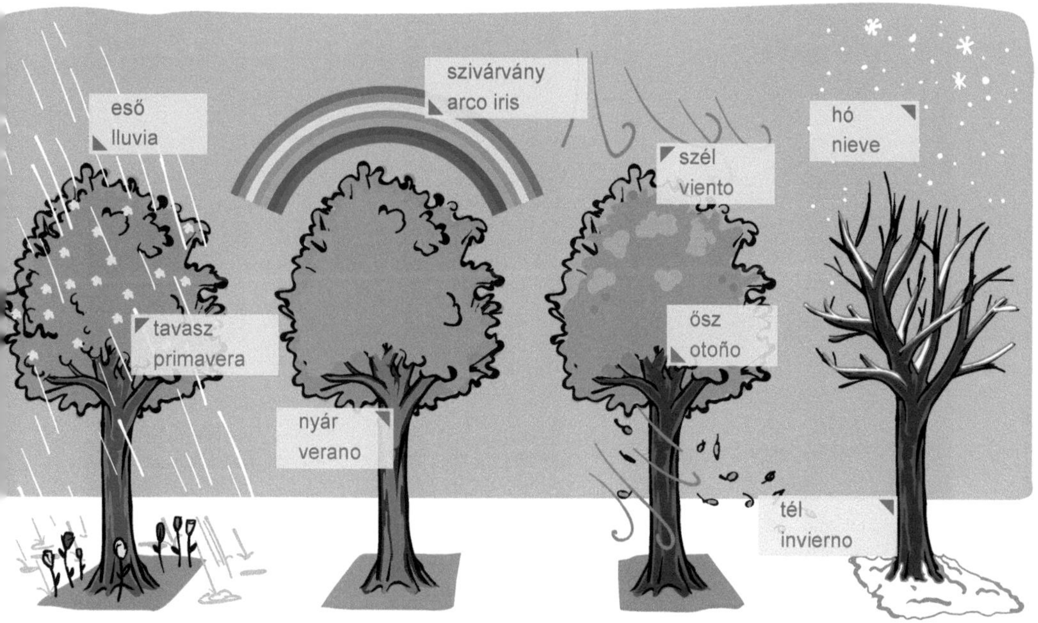

időjárás előrejelzés

pronóstico meteorológico

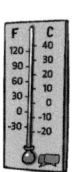

hőmérő

termómetro

napsütés

luz solar

felhő

nube

köd

niebla

páratartalom

humedad ambiente

villámlás

relámpago

mennydörgés

trueno

vihar

tormenta

jégeső

granizo

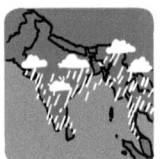

monszun

monzón

áradás

inundación

jég

hielo

január

enero

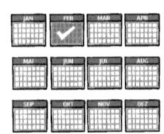

február

febrero

március

marzo

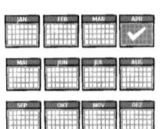

április

abril

május

mayo

június

junio

július

julio

augusztus

agosto

év - año

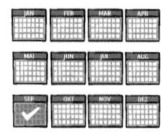

szeptember
septiembre

október
octubre

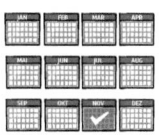

november
noviembre

december
diciembre

alakzatok
formas

kör
círculo

négyzet
cuadrado

téglalap
rectángulo

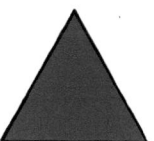

háromszög
triángulo

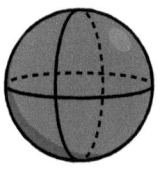

gömb
esfera

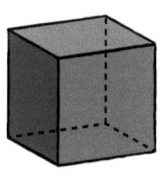

kocka
cubo

fehér

blanco

sárga

amarillo

narancs

anaranjado

rózsaszín

rosa

piros

rojo

lila

lila

kék

azul

zöld

verde

barna

marrón

szürke

gris

fekete

negro

sok / kevés

mucho / poco

mérges / nyugodt

enojado / calmado

szép / csúnya

bonito / feo

kezdet / vég

comienzo / fin

nagy / kicsi

grande / pequeño

világos / sötét

claro / oscuro

fivér / nővér

hermano / hermana

tiszta / koszos

limpio / sucio

teljes / nem teljes

completo / incompleto

nappal / éjszaka

día / noche

halott / élő

muerto / vivo

széles / keskeny

ancho / angosto

ehető / nem ehető

disfrutable / no disfrutable

gonosz / kedves

malo / amigable

izgatott / unott

excitado / aburrido

kövér / vékony

gordo / delgado

elsö / utolsó

primero / último

barát / ellenség

amigo / enemigo

teli / üres

lleno / vacío

kemény / puha

duro / suave

nehéz / könnyű

pesado / liviano

éhség / szomjúság

hambre / sed

betegség / egészség

enfermo / saludable

illegális / legális

ilegal / legal

intelligens / buta

inteligente / tonto

bal / jobb

izquierda / derecha

közel / távol

cercano / lejano

új / használt
nuevo / usado

semmi / valami
nada / algo

idős / fiatal
viejo / joven

be / ki
encendido / apagado

nyitva / zárva
abierto / cerrado

csendes / hangos
bajo / fuerte

gazdag / szegény
rico / pobre

helyes / helytelen
correcto / incorrecto

érdes / sima
áspero / liso

szomorú / vidám
triste / alegre

rövid / hosszú
breve / extenso

lassú / gyors
lento / veloz

nedves / száraz
mojado / seco

meleg / hideg
caliente / frío

háború / béke
guerra / paz

0	**1**	**2**
nulla	egy	kettő
cero	uno	dos

3	**4**	**5**
három	négy	öt
tres	cuatro	cinco

6	**7**	**8**
hat	hét	nyolc
seis	siete	ocho

9	**10**	**11**
kilenc	tíz	tizenegy
nueve	diez	once

12

tizenkettő

doce

13

tizenhárom

trece

14

tizennégy

catorce

15

tizenöt

quince

16

tizenhat

dieciséis

17

tizenhét

diecisiete

18

tizennyolc

dieciocho

19

tizenkilenc

diecinueve

20

húsz

veinte

100

száz

cien

1.000

ezer

mil

1.000.000

millió

millón

angol

inglés

amerikai angol

inglés estadounidense

mandarin kínai

chino mandarín

hindi

hindi

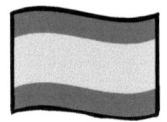

spanyol

español

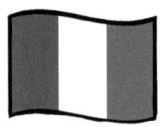

francia

francés

arab

árabe

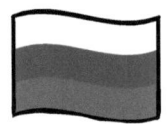

orosz

ruso

portugál

portugués

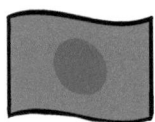

bengáli

bengalí

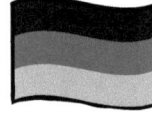

német

alemán

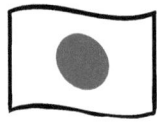

japán

japonés

én

yo

te

tú

ő

él / ella

mi

nosotros

ti

vosotros

ők

ellos

ki?

¿quién?

mi?

¿qué?

hogyan?

¿cómo?

hol?

¿dónde?

mikor?

¿cuándo?

név

nombre

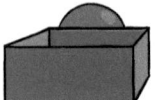

mögött

detrás

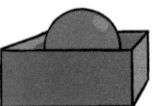

benne

en

elötte

delante de

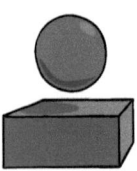

felette

encima de

rajta

sobre

alatta

debajo de

mellett

junto a

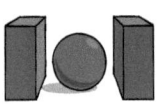

között

entre

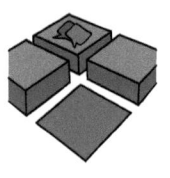

hely

lugar